AF332734

ALBUM DRAMATIQUE.

Recueil de Pièces Nouvelles jouées sur tous les Théâtres de Paris.

THÉATRE DES DÉLASSEMENTS-COMIQUES.

L'ANNEAU MYSTÉRIEUX

COMÉDIE-VAUDEVILLE EN UN ACTE,

PAR M. SORAC.

Prix : **30** centimes.

Paris.

Au Magasin des Pièces de Théâtres anciennes et nouvelles,

CHEZ MIFLIEZ, LIBRAIRE-ÉDITEUR, PASSAGE VENDOME, 19.

TRESSE, successeur de Barba. Palais-Royal, galerie de Chartres, 2 et 3.

1857.

mis onze mois à l'exécuter, et que, pour peu que ça dure, je ne parviendrai à parler à monseigneur que dans un âge très avancé.

DUMONT. Mais enfin que lui voulez-vous ?

CHRISTOPHE. Ça, c'est mon affaire et non la vôtre... Votre état est de m'introduire.. et je dois même dire, en passant, que vous ne m'introduisez pas assez... je pourrais même ajouter que vous ne m'introduisez pas du tout... Mais essayez une fois, et alors vous saurez quel est ce mot qui vous intrigue tant et que j'ai tant de mal à placer.

DUMONT. Allons, finissons-en !...

CHRISTOPHE. C'est justement ce que je demande... finissons-en !...

DUMONT. Monseigneur n'est pas visible, ainsi...

CHRISTOPHE. Ceci est une manière adroite de me dire : Allez-vous-en...

DUMONT. Dame !... je ne puis passer mon temps à écouter vos sornettes !

CHRISTOPHE. Mes sornettes !... Ah ! pour un homme de votre âge, je trouve le mot bien léger !... Mais vous ne savez donc pas qu'il s'agit du bonheur de ma vie !.., Vous ne savez donc pas que je suis amoureux !...

DUMONT (riant). Ah ! Monsieur est amoureux ?...

CHRISTOPHE (l'imitant). Oui... Monsieur est amoureux !... et amoureux d'une femme . ou plutôt d'un ange qui ne me laisse de repos ni le jour ni la nuit... Aussi, je l'ai juré, je l'aimerai toute ma vie... et encore plus longtemps, si c'est possible !...

AIR : Vaudeville du Château perdu.

Aux Porcherons, quand j' fis sa connaissance,
Il me sembla voir un' divinité ;
Tout ahuri, pendant la contredanse,
J'embrouillais tout, tant j'étais agité.
Cette passion me fit perdre la tête,
J'en devins fou, j'en devins enragé,
Dès l' premier jour, je l'aimais comme un' bête...
Depuis ce temps, je n'ai jamais changé.

SCÈNE III.

DUMONT, CHRISTOPHE, NINETTE.

NINETTE (portant plusieurs bouquets). Bonjour, monsieur Dumont ; ne vous dérangez pas... c'est moi !... (Elle va placer des fleurs dans les vases qui ornent la cheminée.)

DUMONT. Eh ! c'est notre charmante bouquetière !...

CHRISTOPHE. Grands dieux ! que vois-je ?... Ninette !

NINETTE (se retournant). Christophe !

DUMONT. Tiens !... vous vous connaissez ?

NINETTE. Si nous nous connaissons ?

CHRISTOPHE (froidement). Nous nous connaissons beaucoup !

DUMONT (à Christophe). Est-ce que ce serait par hasard ?...

CHRISTOPHE (mystérieusement). Ça l'est !

NINETTE. Et comment se fait-il que je vous trouve ici ?...

CHRISTOPHE. J'allais vous adresser la même question.

NINETTE. Moi, c'est tout simple... je suis bouquetière de cet hôtel, et chaque jour, je viens en renouveler les fleurs.

DUMONT (avec intention). En y joignant de temps en temps un bouquet pour Monseigneur.

NINETTE (montrant un bouquet qu'elle a posé sur la table). Oui... et voilà celui que je lui apporte aujourd'hui.

DUMONT (l'examinant). Il est magnifique !... encore plus beau que les autres !... (Bas à Ninette.) Ah ! friponne, ces fleurs-là doivent te donner une fameuse place dans les bonnes grâces de Monseigneur.

NINETTE. C'est bon ! c'est bon ! mauvaise langue !...

CHRISTOPHE. Qu'est-ce que c'est ?... qu'est-ce qu'il dit, ce vieux-là ?

DUMONT. Moi ? rien !... je faisais seulement une remarque.

NINETTE. Et moi, je vous dispense de vos remarques... je fais ce que je veux... j'agis comme il me plaît, et je ne reconnais à personne le droit de contrôler ma conduite.

CHRISTOPHE (à Ninette). Vous avez bien fait de lui dire cela... il me déplaît, à moi, ce vieux-là !...

DUMONT. Peste ! comme vous prenez feu, belle Ninette !... je comprends du reste que devant Monsieur...

NINETTE. M. Dumont, voulez-vous que nous restions bons amis ?

DUMONT. Si je le veux !...

NINETTE. Eh ! bien, pas un mot de plus. (A Christophe.) Voilà tout bonnement l'histoire de ces bouquets : ma marraine, une grande dame qui connaît beaucoup monsieur le lieutenant de police, a obtenu pour moi la fourniture de cet hôtel, et, en signe de remerciment, elle me fait apporter de temps en temps à Monseigneur des fleurs qu'elle choisit presque toujours elle-même... Ce matin encore, elle a voulu faire de ses propres mains ce bouquet qui cause tant de tourment à M. Dumont.

DUMONT. Mon Dieu ! belle Ninette, comme vous vous emportez... je pouvais bien croire, en vous voyant apporter chaque jour des fleurs à Monseigneur... Mais maintenant, je me rétracte... cela regarde madame votre marraine.

NINETTE. Quoi ! vous supposeriez ?...

DUMONT. Moi, je ne suppose rien.

CHRISTOPHE (à part). Ce vieux me fait l'effet d'une franche canaille !...

NINETTE. Mais laissons cela !... Voyons, Christophe, parlons de vous... que venez-vous faire ici ?

CHRISTOPHE. Moi ?... je viens pour dire un mot à Monseigneur... mais Monsieur ne m'en laisse jamais l'occasion.

NINETTE. Tiens !... et pourquoi cela ?

DUMONT. Parce que Monsieur vient toujours quand Monseigneur n'y est pas.

CHRISTOPHE. C'est-à-dire que Monseigneur n'y est jamais quand je viens...

NINETTE. Et vous venez ici souvent ?...

CHRISTOPHE. Tous les jours... depuis onze mois... en faisant des courses pour mon patron le procureur. Par exemple, je n'y étais pas encore venu d'aussi matin.

NINETTE. C'est ce qui fait que nous ne nous sommes jamais rencontrés,

CHRISTOPHE. Oui, Ninette, voilà mon ambition... dire un mot à Monseigneur...

NINETTE. Mais ce mot?...

CHRISTOPHE. Ah! ce mot!... qu'il vous suffise de savoir que c'est de son résultat que dépend notre mariage... et que, si je le prononçais aujourd'hui, je pourrais allumer demain le flambeau de l'hyménée.

NINETTE. Laissez-moi faire. (A Dumont.) Voulez-vous faire la paix avec moi?...

DUMONT. Mais il me semble que nous ne sommes pas en guerre...

NINETTE (le câlinant). Tout à l'heure vous m'avez dit de bien vilaines choses... Mais que ce garçon parle à Monseigneur et j'oublie tout !

DUMONT. Qu'il revienne plus tard... je vous promets de faire tout mon possible...

— NINETTE. Ah! voilà déjà une bonne parole!...

DUMONT. Cependant, je ne m'engage à rien... il faudrait d'abord que M. Rien qu'un mot...

NINETTE (étonnée). M. Rien qu'un mot?...

CHRISTOPHE. Oui... c'est un petit nom d'amitié qu'on m'a donné ici...

DUMONT. Il faudrait, dis-je, que Monsieur tâchât de se procurer un costume plus décent.

CHRISTOPHE. Est-ce que j'ai rien d'indécent dans ma manière de me vêtir?

DUMONT. Je ne dis pas cela... Mais, pour parler à Monseigneur... et puis ne pourriez-vous pas avoir quelque protection...

NINETTE. Ta! ta! ta!... fadaises que tout cela!... vous y mettez de la mauvaise volonté, voilà le plus clair !... Eh ! bien, malgré vous, il parlera aujourd'hui même à monsieur le lieutenant... Il lui faut une protection, je m'en charge !... Je cours chez ma marraine... elle est si bonne qu'elle ne me refusera pas ..

CHRISTOPHE. C'est ça ! je vais avec vous!...

NINETTE. Non pas, s'il vous plaît, ça ferait jaser... Attendez-moi en vous promenant aux environs de l'hôtel, et, dans une petite heure, vous me trouverez ici armée de toutes pièces.

CHRISTOPHE. O Ninette! vous êtes un grand homme !... au sexe près... (On entend frapper à la petite porte de gauche.)

DUMONT (à part). Monseigneur !... (Haut.) Eh ! vite, allez-vous-en !

CHRISTOPHE. Nous ne demandons pas mieux... Adieu, Monsieur Dumont !...

DUMONT. Au revoir, mes enfants...

NINETTE.

Air : Allons de la philosophie.

Je cours implorer ma marraine,
Je lui parle en votre faveur...
Par elle, vous pourrez sans peine
Arriver jusqu'à Monseigneur.

CHRISTOPHE.

Par l'espoir mon cœur se dilate...
A Monseigneur je vais parler bientôt !
Mais, modeste comme un Spartiate,
Je ne lui dirai rien qu'un mot.

ENSEMBLE.

NINETTE.

Je cours implorer ma marraine, etc.

CHRISTOPHE.

Allez trouver votre marraine,
Parlez-lui bien en ma faveur...

Quel bonheur! si je puis sans peine
Arriver jusqu'à Monseigneur !

DUMONT.

Allez trouver votre marraine,
Employez toute sa faveur,
Et que Monsieur puisse sans peine
Arriver jusqu'à Monseigneur.

(Christophe et Ninette sortent par le fond.)

SCÈNE IV.

LE LIEUTENANT DE POLICE, DUMONT.

DUMONT (ouvrant la petite porte). Entrez, Monseigneur... il n'y a plus personne !...

LE LIEUTENANT. C'est bien heureux !... j'ai cru que cela ne finirait pas !...

DUMONT (à part). Diable ! le temps est à l'orage...

LE LIEUTENANT. Rien de nouveau à l'hôtel ?...

DUMONT. Absolument rien, Monseigneur... sinon ces fleurs apportées pour vous.

LE LIEUTENANT. C'est bon !... (A part.) J'en étais sûr. Les rapports de la nuit doivent être arrivés... voyez... et vous ne reviendrez que quand je vous appellerai...

DUMONT (à part). Il n'est pas de bonne humeur !... Ah! tout n'est pas rose dans le métier de lieutenant de police !... (Il sort par la porte du fond.)

SCÈNE V.

LE LIEUTENANT (seul).

Maudite nuit !... et sans parvenir à la voir !... je suis d'une colère !... mais aussi, quelle folie ! à mon âge, aller devenir amoureux !... me marier en secret !... En secret !... il le fallait bien !... Sans cela, j'aurais été obligé de présenter ma femme à Versailles... et c'est un honneur trop souvent funeste à celui du mari... Jusqu'ici, tout allait si bien !... rien ne paraissait devoir troubler notre bonheur.... Nous avions adopté, madame la lieutenante et moi, un moyen de correspondance à faire damner le diplomate le plus consommé... Elle se servait du langage des fleurs... (Il montre le bouquet apporté par Ninette.) Et, moi, lorsque je prévoyais ne pas pouvoir me rendre chez elle, je lui envoyais, à l'aide d'un pigeon voyageur, cette bague connue de tous mes gens (il montre une grosse bague à son doigt), et qui donne à celui qui en est porteur un pouvoir illimité... De cette façon, ma Louise pouvait pénétrer dans cet hôtel, sous n'importe quel déguisement, je bravais toute curieuse indiscrétion, et je goûtais, loin des dangers de la cour, les douceurs d'une lune de miel dont je ne pouvais prévoir le terme... Mais, depuis trois nuits, un homme, ou plutôt un démon qui semble attaché à mes pas, ne me quitte pas d'un instant... Si je marche vers lui, il recule... si je me dirige vers la demeure de ma femme, il me suit... Qui ça peut-il être ?... Je me perds en conjectures !... Faire arrêter cet homme... impossible !... ce serait un éclat qui pourrait tout perdre !... Quel parti prendre ?... (Il s'est assis près de la table et sa main tombe machinalement sur le bouquet qu'il examine avec attention.) Pauvre enfant !.. elle se désole !... elle pleure !... Allons !... puisque je ne puis aller trouver ma femme, que ma femme vienne me trouver... l'amour n'y perdra rien, et, d'ici là, je parviendrai peut-être à savoir quel est cet inconnu qui persiste à me suivre... D'abord prenons nos précautions... (Il ferme la porte du fond.) Et maintenant mon messager. (Il entre dans son cabinet et en sort de suite en tenant un pigeon.) En recevant sa visite, ma femme verra que je pense toujours à elle. (Il attache l'anneau à l'aile du pigeon.)

AIR : De Voltaire chez Ninon.

Grâce à ce discret messager,
Tous deux nous bravons la distance...
Cet oiseau, dans son vol léger,
Porte l'amour et l'espérance.
Que ma femme calme son cœur ;
Car le bonheur s'en va vers elle...
Et c'est un pigeon voyageur
Qui le lui porte sur son aile.

(Il fait envoler le pigeon par la fenêtre.)

SCENE VI.

LE LIEUTENANT, DUMONT.

DUMONT (frappant à la porte du fond). Monseigneur !... Monseigneur !...

LE LIEUTENANT. Qu'est-ce encore ?... J'avais défendu...

DUMONT. Monseigneur, c'est une lettre de madame la marquise de Pompadour...

LE LIEUTENANT (ouvrant). Une lettre de la marquise ?...

DUMONT (entrant). Un courrier l'apporte à l'instant de Versailles.

LE LIEUTENANT. Voyons ce que me veut madame de Pompadour ! (Lisant). « M. le lieutenant, hier, mon carlin favori m'a été volé... il faut me le retrouver aujourd'hui même, ou je prierai Sa Majesté d'aviser à ce que sa police soit mieux faite. » Diable !... mais ceci m'a tout l'air d'une destitution.

DUMONT. Et pour un carlin !...

LE LIEUTENANT. N'importe, il faut prendre les mesures les plus promptes... et, à quelque prix que ce soit, retrouver ce maudit animal. (Voyant une autre lettre aux mains de Dumont.) Et ceci ?

DUMONT. Une lettre très pressée.. à ce que m'a dit du moins un homme sans livrée qui vient de l'apporter à l'hôtel.

LE LIEUTENANT (regardant la lettre, à part). De ma femme !... qu'elle imprudence !... (Lisant.) « Monsieur... » Diable ! elle est fâchée !... « Voilà trois jours que je ne vous ai vu... vous me trahissez... j'en suis sûre. Si vous ne venez me rassurer d'ici à une demi-heure, je me rends chez le ministre et je lui apprends notre mariage, que, je ne sais pour

» quel motif, vous voulez cacher à tout le » monde... » Allons, bon ! il ne me manquait plus que cela !... C'est qu'elle est capable de le faire comme elle le dit... une tête romanesque !... Dumont !

DUMONT. Monseigneur !...

LE LIEUTENANT. Chargez-vous de la lettre de la marquise, et songez qu'il y va de ma destitution !...

DUMONT (lui présentant des papiers). Monseigneur n'examine pas les rapports de la nuit ?

LE LIEUTENANT. Non ! il faut que je sorte. (A part.) Aller chez le ministre !... mais tout serait perdu !

DUMONT. Faut-il faire atteler ?

LE LIEUTENANT. Non ! (A part.) Une voiture de place pour éviter les soupçons...

DUMONT. Monseigneur n'a rien à me commander ?

LE LIEUTENANT. Rien !... Faites, comme je vous l'ai dit, tout ce qu'il faut pour retrouver ce maudit carlin... qu'on fouille tout Paris.

DUMONT. Monseigneur sort sans déjeuner ?

LE LIEUTENANT. Oui !...

DUMONT (lui donnant son chapeau et son manteau, à part). Sans déjeuner !... (Haut.) Ferai-je attendre le service de Monseigneur ?

LE LIEUTENANT. C'est inutile !... Ah ! s'il venait quelques visites, je n'y serai pas de la journée. (Il sort par la petite porte à gauche.)

SCÈNE VII.

DUMONT (seul).

Ah ! ça, que peut donc lui avoir appris cette lettre qui l'a tant troublé ?... Il ne m'en a rien dit, à moi, son homme de confiance... de confiance... jusqu'à un certain point... Car, ici, tout est mystère, et, malgré toute ma bonne volonté, je n'ai pu encore rien découvrir... pas même le secret attaché à cet anneau mystérieux... et il sort !... sans même avoir jeté un regard sur ces rapports, où j'avais fait entendre adroitement que, pour veiller à la sûreté de Monseigneur, pendant ses courses nocturnes, j'avais eu l'heureuse idée, depuis trois nuits, de le faire suivre par un agent à moi. S'il avait su cela, ça lui aurait fait plaisir... il m'aurait fait donner une gratification... Mais, bah ! les maîtres sont si ingrats !... Enfin !... allons-nous occuper du chien de madame de Pompadour... et puisse-t-il se retrouver !... car, si Monseigneur était destitué, je serais renvoyé... et je ne m'en soucie guère.

NINETTE (entrant du fond). Ah ! c'est vous, monsieur Dumont !

DUMONT. Oui, c'est moi ; mais je n'ai pas le temps de vous écouter... j'ai bien d'autres choses à faire, mon Dieu ! (Il sort.)

SCÈNE VIII.

NINETTE (seule).

Eh ! bien, il est encore poli, celui-là !... Allons, rien ne me réussit aujourd'hui.. il m'a été impossible de voir ma marraine... elle est malade... elle a ses vapeurs !... de sorte que Christophe ne pourra pas encore parler à Monseigneur !... Pauvre garçon ! V'la-t-il longtemps qu'il attend !.. et moi aussi, j'attends... Car enfin, je ne le lui d s pas, mais je puis l'avouer ici... je voudrais bien devenir Madame Christophe... et plus tôt que plus tard... C'est que je l'aime, moi... et lui aussi, il m'aime bien... du moins, il me le dit... Mais ma marraine prétend que tous les hommes sont des trompeurs... Tous les hommes... c'est possible !... mais Christophe, ce n'est pas un homme, lui !... (Elle réfléchit et ses yeux se portent sur les vases de la cheminée.) Au fait, je puis bien m'assurer... personne ne me voit... essayons. (Pendant la ritournelle elle va prendre une marguerite.)

Air nouveau de M. Adolphe Vaillard.

I.

Marguerite, à la blanche feuille,
Causons toutes deux un moment...
Et, tandis que ma main t'effeuille,
De mon cœur calme le tourment.
Mon amour, ma belle petite,
Est-il payé d'un doux retour ?...
Allons, réponds-moi, marguerite.
Me rend-il amour pour amour ?

II.

A la fois, je tremble et j'espère.
« Il m'aime !... » Ah ! ce mot est charmant !...
« Un peu !... » Rien qu'un peu, ce n'est guère !...
« Beaucoup !... » C'est bien mieux maintenant !...
« Passionnément !... » Sans crainte aucune,
Otons les feuilles jusqu'au bout...
Hélas ! il n'en reste plus qu'une !...
Il ne m'aime donc pas du tout !

III.

Mais peut-être que, de son aile,
Un insecte, en brisant la fleur,
A rendu l'oracle infidèle ?...
Oui, c'est de là que vient l'erreur...
Sans crainte, à présent, je respire !
La marguerite, assurément,
En finissant, devait me dire :
Il m'aime passionnément.

SCÈNE IX.

NINETTE, CHRISTOPHE.

CHRISTOPHE. Me voilà !... j'espère que je suis exact au rendez-vous... vous m'aviez donné une heure, et midi sonnait juste à l'horloge de la lieutenance, comme j'entrais dans la cour... Eh bien ! voyons... et vous man'zelle Ninette, avez-vous de bonnes nouvelles ?...

NINETTE. Hélas ! non, M. Christophe... Ma marraine est indisposée... et il nous faut attendre jusqu'à demain !...

CHRISTOPHE. Eh ! bien, attendons jusqu'à demain... ça m'est égal !... j'y suis fait... Voilà déjà onze mois que j'attends... Ce n'est pas un jour de plus ou de moins qui peut m'effrayer...

NINETTE. Comme vous prenez ça gaîment !

CHRISTOPHE. Oh ! c'est que, voyez-vous, Ninette... je suis délicieusement ému !... il vient

de m'arriver un de ces événements qui ne se rencontrent pas sept fois dans la vie d'un homme.

NINETTE. Ah ! mon Dieu ! M. Christophe, auriez-vous fait un héritage ?

CHRISTOPHE. Un héritage !... moi ?... impossible... je n'ai jamais eu ni père ni mère... quand je dis jamais... je dois bien en avoir eu un peu... dans le temps... Mais, comme je ne les ai jamais connus, c'est comme si j'en avais été totalement privé.

NINETTE. Mais cet événement ?

CHRISTOPHE. Ah ! m'y voilà... Vous saurez donc, qu'en vous quittant, et pour attendre l'heure du rendez-vous, j'avais été me promener aux environs du couvent des Capucines... à deux pas d'ici... Or, tout en me promenant, je réfléchissais, et, tout en réfléchissant, je regardais en l'air... Je ne sais pas si vous êtes comme moi, mais, quand je réfléchis, je regarde toujours en l'air...

NINETTE. Mais achevez donc !... Mon Dieu ! qu'il est bavard !...

CHRISTOPHE. Donc, je regardais en l'air, quand, tout à coup, j'aperçois un joli pigeon pourchassé par un épervier qui le serrait d'assez près, ma foi... Protéger le faible contre le fort est une maxime dont je ne me suis jamais écarté... je saisis une pierre... je suis très adroit à ce genre d'exercice... je la lance et...

NINETTE. Et ?...

CHRISTOPHE. Je n'attrape rien !... j'en relance une seconde !... même résultat !... enfin, à la troisième, je réussis, je frappe juste...

NINETTE. Et l'épervier tombe à vos pieds ?..

CHRISTOPHE. Non ! c'est le pigeon !... Ça n'est pas ma faute !... j'avais bien visé, mais l'animal s'était dérangé en l'air...

NINETTE. Pauvre bête !...

CHRISTOPHE. Mais je ne le trouve pas à plaindre, moi... Qu'est-ce qu'il demandait ce pigeon ?... D'être délivré de son ennemi ?... Eh bien ! je lui ai rendu ce service.

NINETTE. Mais vous l'avez tué !...

CHRISTOPHE. Non !... il n'était qu'étourdi...

NINETTE. Ah ! je respire !...

CHRISTOPHE. Ninette, ce mouvement de sensibilité prouve en votre faveur .. Cette affection pour les bêtes me donne l'assurance que vous ferez une bonne femme de ménage... Je suis fier de votre amour, à présent.

NINETTE. Mais achevez donc, de grâce !...

CHRISTOPHE. Je ramasse le pauvre innocent, qui avait l'air de me remercier du bec et de la patte : *Unguibus et rostro*, comme nous disons au Palais... Mais, jugez de ma surprise ! quand j'aperçois, attachée à une de ses ailes, une jolie bague qui pendait à une petite faveur verte.

NINETTE. Une bague !...

CHRISTOPHE (la lui montrant). Et des plus soignées... Voyez plutôt.

NINETTE. Oh ! le joli bijou !

CHRISTOPHE. Permettez-moi de vous en faire hommage... Il me vient du ciel... Et c'est le seul magasin où mes moyens me permettent de me fournir pour le quart d'heure.

NINETTE. Mais cette bague appartient sans doute à quelqu'un...

CHRISTOPHE. Tiens! parbleu, elle m'appartient... puisqu'on me 'la donnée...

NINETTE. C'est-à-dire vous l'avez trouvée... car ce pigeon...

CHRISTOPHE. Oh! au premier abord, on pourrait croire que c'est un pigeon... Mais voulez-vous que je vous dise toute ma pensée?

NINETTE. Eh bien!

CHRISTOPHE. Je crois que c'est une fée déguisé en pigeon qui m'a fait ce cadeau...

NINETTE (riant). Une fée! ah! ah! ah!

CHRISTOPHE. Oui! oui! oui! et la preuve c'est que le volatile a retrouvé ses forces comme par enchantement et qu'il s'est échappé de mes mains pour continuer son petit bonhomme de chemin dans la même direction, comme si de rien n'était.

NINETTE. Allons, vous êtes fou!...

CHRISTOPHE. C'est possible... Mais j'ai mes idées là-dessus... Est-ce que les pigeons ont l'habitude de se promener avec des bagues aux ailes?

NINETTE. Non, sans doute... Mais...

CHRISTOPHE. Mais... mais... fée ou pigeon, j'ai trouvé ce bijou, je vous le donne... tout est dit!... Si quelqu'un nous le réclame plus tard, nous verrons... Acceptez, Mam'zelle Ninette... acceptez; j'ai dans l'idée que ça nous portera bonheur.

AIR : Soldats français, nés d'obscurs laboureurs.

Mam'zell' Ninette, acceptez mon cadeau...
C'est le premier! ah! je vous en supplie!
Grâce au reflet de ce charmant anneau,
Vot' petit' main m' semblera plus jolie.
D'son origin' je ne redoute rien,
De c' côté-là ma joie est sans mélange!...
Puisque c'est du ciel qu'il me vient,
Au ciel je crois rendre son bien...
En le plaçant au doigt d'un ange.

NINETTE. Eh bien! j'accepte!...

CHRISTOPHE. Ah!

NINETTE. Mais à la condition expresse que, si nous retrouvons le propriétaire de ce bijou...

CHRISTOPHE. Nous le lui rendrons, soit!

(Ninette met la bague à son doigt.)

SCÈNE X.

NINETTE, CHRISTOPHE, DUMONT.

DUMONT (sans les voir). Mes ordres sont donnés... Tous nos agents sont en campagne... et, si le carlin de Madame de Pompadour ne se retrouve pas, c'est qu'il y mettra de la mauvaise volonté. (Les apercevant.) Ah! vous êtes encore là, vous autres?

NINETTE. Oui, M. Dumont... Et vous me voyez toute désolée de n'avoir pu parler à ma marraine...

DUMONT (avec importance.) Ah!... tout n'est pas facile dans le métier de solliciteur... Et puis, l'on va souvent chercher bien loin une protection que l'on aurait pu trouver sans se déranger.

NINETTE. Que voulez-vous dire?...

CHRISTOPHE. Il me fait suer, ce vieux-là!

DUMONT. Je veux dire, belle Ninette, que, si vous vouliez, je me chargerais bien de vous protéger, moi.

NINETTE. Si je voulais... quoi?

DUMONT. Dame!... si vous vouliez être plus aimable avec moi...

NINETTE. Est-ce que je ne suis pas toujours gentille avec vous?

DUMONT. Je ne dis pas... Mais cela n'est peut-être pas assez...

NINETTE. Que faut-il donc encore!...

DUMONT. Mais quelques légères faveurs... Par exemple, un petit baiser sur cette jolie joue. (Il lui prend la taille.)

NINETTE (se dégageant). Encore!... Vous savez pourtant bien que je n'aime pas ces manières-là...

CHRISTOPHE (à part.) Eh! mais on dirait que le vieux s'enflamme!...

DUMONT (la poursuivant). Oh! petite cruelle, je saurai bien...

NINETTE (lui donnant un soufflet). Finisez!... ou je tape...

DUMONT. Aïe!... (Il se tâte la joue).

CHRISTOPHE. Bien! touché!

NINETTE. Ça vous apprendra à vous tromper d'adresse!...

DUMONT. Peste!... quelle poigne!...

CHRISTOPHE. Oh! la main d'une jolie femme c'est si doux!

DUMONT. Si doux!... J'ai la joue toute écorchée.

NINETTE. Il ne fallait pas vous y frotter!...

DUMONT. Mais, plaisanterie à part, vous vons m'avez fait très mal... Tenez, je saigne, je crois...

NINETTE. Oh! pour ça, c'est bien sans le vouloir... C'est ma bague sans doute qui vous aura écorché un peu... (Elle lui montre sa bague.)

DUMONT (à part). Ciel!... l'anneau de monseigneur!... (Haut.) Ah! Madame, je suis un grand coupable... Mais j'espère que vous serez assez bonne pour oublier ma familiarité.. Croyez que j'ignorais...

NINETTE (étonnée). A qui parle-t-il donc!

CHRISTOPHE. A moins que ce ne soit à moi.

NINETTE. Mais, Monsieur Dumont, il n'y a pas grand mal à cela... je n'ai pas de rancune... je suis un peu vive peut-être... Mais, la main tournée, je n'y pense plus.

CHRISTOPHE (à part). Oui... Mais la main tourne un peu vite...

DUMONT. Merci! merci! Madame... Et croyez que, par mon dévouement et mon zèle, je saurai reconnaître toutes les bontés dont vous voulez bien m'accabler en ce moment.

NINETTE. Ah çà! Monsieur Dumont, à qui en avez-vous donc?...

DUMONT. Oh! plus de feinte, Madame... je sais maintenant à qui je m'adresse, et je connais les devoirs qui me sont imposés envers vous!...

NINETTE (à Christophe). Est-ce que vous y comprenez quelque chose?

CHRISTOPHE. Ce soufflet lui aura donné un coup de marteau...

NINETTE. En vérité, Monsieur Dumont, e ne comprends pas...

DUMONT. Il se peut que Madame ait ses raisons pour parler ainsi; mais...

NINETTE. Mais, d'abord, pourquoi m'appelez-vous Madame et non plus Ninette, ou la petite bouquetière, comme autrefois ?

DUMONT. Madame le sait bien !...

NINETTE. Moi ?... je ne sais rien !...

DUMONT. Et moi, Madame, je ne puis que vous dire une chose, c'est que, moi et tous les gens de cet hôtel, nous sommes entièrement à vos ordres... Parlez, commandez, et nous obéirons avec tout l'empressement et le respect qui vous sont dus.

CHRISTOPHE (à part). Décidément il a quelque chose de dérangé...

NINETTE. Ainsi, vous êtes prêt à m'obéir en tout?...

DUMONT. Madame le sait bien !...

NINETTE (désignant Christophe). Alors, faites que ce garçon parle sur-le-champ à Monseigneur...

DUMONT. Monseigneur est absent, Madame... Mais, si Monsieur veut bien attendre son retour, je me ferai un véritable plaisir d'introduire Monsieur.

CHRISTOPHE. Il m'appelle Monsieur !... Il est fou à lier !

NINETTE. Qu'est-ce que je pourrais bien demander encore?...

CHRISTOPHE. Si vous demandiez à déjeuner... J'ai bien faim, moi !...

NINETTE. A déjeuner !... Y pensez vous?...

CHRISTOPHE. Dame !... une fois que nous aurons pris cela, on ne pourra plus nous l'ôter...

NINETTE. Allons, essayons !... Eh bien ! Monsieur Dumont, ce garçon et moi n'avons encore rien pris d'aujourd'hui, et, si j'osais...

DUMONT. Comment donc ? (Criant au dehors.) Le service de Monseigneur !... deux couverts !...

NINETTE. Quoi ! sérieusement ?...

DUMONT. Je l'ai dit et je le répète, je suis entièrement aux ordres de Madame !...

(Deux laquais apportent une table servie.)

NINETTE. Je n'en reviens pas !

CHRISTOPHE (regardant la table). Allons, si le bonhomme est fou... sa folie n'est pas dangereuse !...

DUMONT. Si Madame veut bien prendre place, j'aurai l'honneur de la servir moi-même.

NINETTE. Je m'y perds !...

CHRISTOPHE. Mangeons toujours, nous réfléchirons après.

ENSEMBLE.

Air de Zanetta.

Allons, mettons-nous à table ;
Hâtons-nous de profiter
De ce repas délectable
Qui du ciel semble tomber.

CHRISTOPHE. Voilà un poulet avec lequel je me propose d'entamer une conversation agréable.

DUMONT (bas à Christophe). Monsieur !...

CHRISTOPHE. Hein?... Qu'est-ce que c'est?

DUMONT. J'aurais deux mots à vous dire...

CHRISTOPHE. Deux mots ?... Tiens, le voilà comme moi... seulement, moi, je n'en veux dire qu'un... Eh bien ! qu'est-ce que c'est ?

DUMONT. Maintenant que Madame est toute

puissante ici, puis-je espérer que Monsieur voudra bien me prendre sous sa protection ?

CHRISTOPHE (à part). Qu'est-ce qu'il me chante-là ?... (Haut.) Ecoutez-moi, mon bonhomme, depuis un instant, votre cerveau déménage visiblement... vous êtes timbré, je le déplore... Allez vous faire soigner... On prend des douches pour cela !

DUMONT. Je ne suis pas fou, croyez-le bien... et croyez bien aussi que maintenant votre fortune est faite.

CHRISTOPHE. Ma fortune?

NINETTE (à part). Que peut-il lui dire ?...

DUMONT. Sans doute !... grâce à la nouvelle position de Madame, qui peut tout obtenir de Monseigneur... Ça va tout seul... l'ami de la favorite...

CHRISTOPHE. De la fav.....!

DUMONT. Chut !... (Il s'éloigne au fond, où sont les deux laquais.)

CHRISTOPHE. Ah ! mon Dieu !... quelle épouvantable idée !...

NINETTE. Eh bien ! Christophe, vous ne venez pas déjeuner ?

CHRISTOPHE. Non, merci !... je n'ai plus faim !...

NINETTE. Vous n'avez plus faim?... Mais tout à l'heure...

CHRISTOPHE. Tout à l'heure je ne savais pas ce que je sais à présent...

NINETTE. Et que savez-vous donc?...

CHRISTOPHE. Je sais tout !...

NINETTE. Tout ! quoi ?... Mais expliquez-vous donc?...

CHRISTOPHE. Oh ! assez ! Madame, laissez-moi !

NINETTE. Madame ?... Et lui aussi !... Ah ! mon Dieu ! Est-ce que ça se gagne ?

CHRISTOPHE. Vous devez comprendre que votre nouvelle position...

NINETTE. Ma nouvelle position !... Que voulez-vous dire ?

CHRISTOPHE (sanglottant). Oh ! c'est affreux !... Moi qui vous aimais tant !...

NINETTE.

Air d'Yelva.

Mais qu'avez-vous?

CHRISTOPHE.

Oh ! c'est épouvantable !
Oui, je le sens, j'en mourrai de douleur !...

NINETTE.

Venez plutôt vous mettre à cette table.

CHRISTOPHE.

Qui ? moi ? jamais ! Oh ! non, car j'ai du cœur !
Oui, tout à-l'heur' j'sentais bondir mon âme,
En m'asseyant près de vous... que j'aimais !
Mais, maintenant, vous d'vez comprendr', Madame,
Que v'là du pain dont je n' mang'rai jamais !

NINETTE. Ah ! ça, Monsieur Christophe, savez vous que vous m'impatientez, à la fin ! Expliquez-vous ! voyons ! je le veux !...

CHRISTOPHE. Vous le voulez?

NINETTE. Oui, je le veux ! et tout de suite !

CHRISTOPHE. Ah ! c'est trop fort ! Eh ! bien,

me direz-vous d'où vous vient cette position de reine et maîtresse dans cet hôtel ?

NINETTE. Ma foi, j'en serais bien embarrassée ; car, sous ce rapport, je vous le jure, je ne suis pas plus avancée que vous...

CHRISTOPHE. Ah! vous faites l'ignorante... Mais nous savons bien à quel prix une jolie femme peut commander dans la maison d'un grand seigneur.

NINETTE. Quoi! vous supposeriez?...

CHRISTOPHE. Parbleu! c'est assez clair !... et d'après ce que m'a dit cet affreux vieillard...

NINETTE. Comment!... il a pu vous dire?... Monsieur Dumont!

DUMONT. Madame!...

NINETTE. Qu'avez-vous dit à ce jeune homme ?...

DUMONT. Moi?... Mais rien !... je lui ai seulement demandé sa protection auprès de Madame...

NINETTE. Sa protection?... Et que suis-je donc pour protéger les autres ?...

DUMONT. J'ai déjà eu l'honneur de dire à Madame qu'elle pouvait tout ici...

NINETTE. Et d'où me vient ce pouvoir?...

DUMONT. Madame le sait bien !...

CHRISTOPHE. Là! qu'est-ce que je disais!...

NINETTE. M. Dumont!... Je vous ordonne, puisque vous devez m'obéir aveuglément, de me dire, sans plus de mystère, le secret de cette étrange puissance...

DUMONT. Puisque Madame le veut absolument, je n'ai qu'à lui rappeler que tout doit obéir ici à la personne qui porte cet anneau. (Il désigne la bague.)

NINETTE. Cet anneau !

CHRISTOPHE. L'anneau de la fée !...

NINETTE. Alors, bien sûr, il y a méprise, et je vais...

CHRISTOPHE. Y pensez-vous?... Servons-nous-en d'abord, nous le rendrons ensuite...

NINETTE. Quoi! vous voulez?... Au fait, au petit bonheur !... mais vous ne serez plus jaloux ?...

CHRISTOPHE. Oh! jamais! jamais! jamais!...

NINETTE (faisant la grande dame). Et Monsieur veut bien déjeuner avec moi?

CHRISTOPHE (lui présentant la main). Je suis tout aux ordres de Madame ! (Ils se placent.)

NINETTE. Allons, Christophe, servez!... et, pour égayer notre repas, je vais vous chanter la ronde des Porcherons...

CHRISTOPHE. C'est ça, la ronde des Porcherons!... à boire! (A Dumont et aux laquais.) Vous ferez chorus, vous autres. (Les valets servent.)

NINETTE.

Air nouveau de M. Adolphe Vaillard.

Aux Porcherons,
Joyeux lurons,
Quand nous pourrons,
Nous reviendrons !
Là, nous boirons,
Nous danserons,
Et sortirons
Des Porcherons
Ronds !

Temple adoré de la folie,
Les Porcherons seront toujours
Le vrai paradis de la vie
Et le rendez-vous des amours.
Là, point d'étiquette sévère,
Et, pour mieux narguer le chagrin,
Tout buveur, en choquant son verre,
Répète ce joyeux refrain...
Aux Porcherons, etc.

J'entends la joyeuse cohorte,
Qui vers nous dirige ses pas;
Mais l'amour se tient à la porte,
Afin que l'hymen n'entre pas.
Quel entrain, quelle gaîté franche!...,
Il faudrait, pour plaire à chacun,
Que ce fût tous les jours dimanche...
Mais la semaine n'en a qu'un.
Aux Porcherons, etc.

CHRISTOPHE (un peu animé). Ma foi, vive l'amour et le bon vin!... à votre santé, Ninette!... sans vous oublier, monsieur Dumont.

NINETTE. Tout ceci est bel et bon !... mais il faut songer un peu aux choses sérieuses, et puisque nous sommes tout puissants pour le quart d'heure, profitons-en !...

CHRISTOPHE. Bien dit!... profitons-en!...

NINETTE. Il faut, qu'avant la fin de la journée, vous ayez votre audience, et, vous le savez, votre costume n'est guère présentable...

CHRISTOPHE. C'est vrai!... le vieux, là-bas, m'a dit que j'étais indécent.

NINETTE. Nous allons aviser à cela... M. Dumont!...

DUMONT. Madame!...

NINETTE. Pouvez-vous faire habiller ce garçon d'une manière convenable, afin qu'il puisse paraître devant Monseigneur...

DUMONT. Certainement, Madame!... Monsieur n'a qu'à me suivre, et je vais le métamorphoser en un clin d'œil...

NINETTE (à part). C'est vraiment admirable !... (Haut.) Allons, Christophe, je vous remets aux mains de M. Dumont.

CHRISTOPHE. Allons, bon !... voilà que j'ai un valet de chambre, à présent!... je nage dans le bonheur !...

DUMONT. J'ose espérer que Madame est contente de moi, et qu'elle daignera oublier que tantôt...

NINETTE (jouant la grande dame). C'est bon ! c'est bon !... allez, mon cher !...

DUMONT. Si Monsieur veut bien venir avec moi...

CHRISTOPHE (imitant Ninette). C'est bon! c'est bon !... allez, son cher !... (Il sort suivi de Dumont.)

SCÈNE XI.

NINETTE (seule).

Ah! mon anneau, que je te remercie !... car c'est à toi que je devrai tout mon bonheur !... Aussi, ma jolie petite bague, je t'aime !... Oh ! mais, je t'aime !... tiens! tiens! tiens! (elle l'embrasse) et tu ne me quitteras jamais !... Jamais ! qu'est-ce que je dis là ?... Il faudra bien m'en séparer !... car, bien certainement, tout ceci n'est que le résultat d'une erreur... Oh ! c'est égal, que ma puissance dure seulement jusqu'à la fin de la journée, c'est tout ce que je demande.

Air de Lauzun.

Ce talisman mystérieux
Me rend ici reine et maîtresse ;
Mais j'ai peur, en ouvrant les yeux,
Que mon rêve ne disparaisse !
Un seul jour, anneau protecteur,
Prête-moi ta douce magie !...
Car rien qu'un seul jour de bonheur
Fera le bonheur de ma vie.

SCÈNE XII.

NINETTE, DUMONT.

DUMONT. Les ordres de Madame sont exécutés, et, dans un instant, M. Christophe sera en état d'être présenté à Monseigneur.

NINETTE. Et où est-il en ce moment ?

DUMONT. Il sort de l'hôtel pour aller acheter des habits, grâce à une bourse bien garnie que je lui ai fait remettre par le trésorier de Monseigneur.

NINETTE. Une bourse !...

DUMONT. Sans doute !... Madame ne m'avait-elle pas ordonné...

NINETTE. Certainement !... (A part.) Mais une bourse !.. cela commence à m'inquiéter !..

DUMONT. Madame n'a pas d'autres ordres à me donner ?...

NINETTE. Non !... pour le moment... (A part.) Je vais rejoindre Christophe, afin qu'il ne fasse pas quelque sottise... (Fausse sortie.)

DUMONT. Madame va sortir ?...

NINETTE. Oui ! il faut... (A part.) Cette bourse m'inquiète véritablement.

DUMONT. Et que faudra-t-il dire à Monseigneur ?...

NINETTE. Mais, rien !... c'est Monsieur Christophe qui veut lui parler... (A part.) Décidément cette bourse me trotte dans la tête... Allons vite trouver Christophe, et s'il en est temps encore... Un déjeuner, passe !... mais de l'argent... Il n'y a pas une minute à perdre !... (Elle sort.)

DUMONT. Madame, j'ai bien l'honneur !...

SCÈNE XIII.

DUMONT (seul).

Voilà donc ce grand mystère qui m'intriguait tant !... C'était Ninette !... Oh ! la petite rusée ! comme elle cachait son jeu !... et, moi, qui voulais la courtiser... j'allais faire une jolie chose, ma foi !...

UN VALET (lui remettant une lettre). De la part de Monseigneur ! (Il sort.)

DUMONT. De Monseigneur !... Aurait-il enfin quelques renseignements sur le carlin de la Marquise ?... (Il ouvre la lettre.) Ah ! mon Dieu, en voici bien d'une autre !... (Lisant.) « Si quelqu'un, porteur de mon anneau, se « présentait à l'hôtel, qu'il soit arrêté sur-le-« champ et gardé à vue jusqu'à mon retour... » Allons, bon ! moi qui croyais tout éclairci !... voilà que je vais recommencer à marcher dans les ténèbres !... Mais, à ce compte, cette petite Ninette ne serait donc qu'une intrigante ?... et j'ai eu la bonhomie de lui servir à déjeuner !... et cet argent que j'ai remis à cet autre animal !... Oh ! ma foi, il n'y a pas de ma faute !... Pourquoi aussi Monseigneur n'est-il pas plus confiant dans son homme de confiance !...

SCÈNE XIV.

DUMONT, CHRISTOPHE

CHRISTOPHE (au dehors). C'est bien !... c'est bien !... je m'introduirai moi-même !...

DUMONT. Qu'est-ce qui nous arrive encore là ?

CHRISTOPHE (richement vêtu, suivi de deux valets, dont l'un porte un panier). Ah ! enfin, m'y voilà !... j'espère que je suis vêtu d'une façon un peu remarquable, et qu'avec ces deux grands escogriffes, que j'ai loués pour une heure, je ressemble assez à un homme du bel air...

DUMONT (à part). Ah ! en voilà déjà un !...

CHRISTOPHE. Dites-moi, mon cher, Monseigneur est-il visible ?...

DUMONT. Vous allez recommencer, vous ! Monseigneur n'y est pas !...

CHRISTOPHE. Que veut dire ce ton ?... prenez garde !... je vous ferai chasser !...

DUMONT. Chasser !...

CHRISTOPHE. Oui, chasser !... et périr sous le bâton comme un faquin que vous êtes !...

DUMONT. Qu'est-ce que c'est que ces manières-là ?

CHRISTOPHE. Ces manières sont celles qui me conviennent... Sachez qu'il faut m'obéir ici, et que, pour vous réduire au silence, je n'ai qu'un geste à faire !...

DUMONT. Ah ! je voudrais bien voir cela !...

CHRISTOPHE. Eh ! bien, voyez !... (Il lui montre sa main.)

DUMONT (à part). L'anneau de Monseigneur !...

CHRISTOPHE (à part). Ninette m'a prêté sa bague... elle a pensé que ça ferait bien !

DUMONT (à part). Ah ! cette fois je le tiens... (Regardant les deux valets). Mais ils sont trois... Allons chercher main-forte !...

CHRISTOPHE. Eh ! bien, petit, vous ne dites plus rien... Allez !... introduisez-moi, et sachez m'entourer de tous les égards qui me sont dus.

DUMONT. Oh ! soyez tranquille... Maintenant que je sais à qui j'ai affaire, je ne vous ferai pas attendre. (Il sort.)

SCÈNE XV.

CHRISTOPHE (seul).

C'est étonnant l'effet que ça lui a produit... Plus de doute, c'est un vrai talisman !... Et Ninette qui ne voulait pas en profiter... qui, tout à l'heure encore, m'engageait à rendre la bourse... Heureusement mes emplettes étaient déjà faites; il n'y avait plus moyen de reculer... Alors, voyant cela, cette bonne fille, elle m'a prêté cette bague magique, afin que je puisse briser tous les obstacles... et je crois que j'ai déjà pas mal commencé... Aussi, et pour la remercier, je lui ménage une surprise... (Montrant le papier que porte un des valets.) Je lui apporte là-dedans quelque chose qui, j'en suis sûr, lui fera un véritable plaisir... Allons, Christophe, mon ami, décidément la fortune te favorise !...

SCÈNE XVI.

CHRISTOPHE, DUMONT, DEUX AGENTS, PUIS NINETTE.

DUMONT (aux agents). Qu'on arrête cet homme-là ! (Les agents obéissent.)

CHRISTOPHE. Hein ! qu'est-ce que c'est ?... qu'est-ce que ça veut dire ?...

DUMONT. Cela veut dire, Monsieur Rien qu'un mot, que je vais vous faire conduire en prison !...

CHRISTOPHE. En prison ! moi ? mais il y a erreur !... (Montrant sa bague.) Tenez ! voyez ! regardez !...

DUMONT. Ta ! ta ! ta ! Nous avons des ordres... En prison !...

NINETTE (accourant). En prison ! lui ?... Oh ! mon Dieu !... et pourquoi ?...

DUMONT. Pardieu ! vous arrivez bien, Mademoiselle, et je vais profiter de l'occasion pour vous faire tenir compagnie à Monsieur !

NINETTE. Moi ?

CHRISTOPHE. Elle ?...

DUMONT. Allons, qu'on les emmène !...

ENSEMBLE.

Air de la savonnette impériale.

DUMONT.

Vite qu'on les entraîne,
Et, sans plus de façon,
J'ordonne qu'on les mène
Tous les deux en prison !

CHRISTOPHE ET NINETTE.

Comment on nous entraîne ?...
Ah ! j'en perds la raison !
Se peut-il qu'on nous mène
Tous les deux en prison !

SCÈNE XVII.

LES MÊMES, LE LIEUTENANT.

LE LIEUTENANT. Que signifie tout ce tumulte ?

DUMONT. Dieu soit loué !... voici Monseigneur !...

LE LIEUTENANT. Mais qu'y a-t-il donc ?...

DUMONT (désignant Christophe). Il y a, Monseigneur, que voilà celui qui vous a volé votre anneau !

LE LIEUTENANT. Comment, misérable !...

NINETTE. Oh ! grâce, Monseigneur !...

LE LIEUTENANT. Grâce !... quelle est cette jeune fille ?...

DUMONT. La bouquetière de l'hôtel, Monseigneur !...

LE LIEUTENANT. Ah !... alors, vous êtes la filleule.

CHRISTOPHE. La filleule de sa marraine... Oui, Monseigneur !

LE LIEUTENANT (à Christophe). Silence !... (à Ninette). Et comment se fait-il, mon enfant, que vous vous intéressiez à ce drôle ?...

NINETTE. Monseigneur, c'est mon prétendu... et croyez bien qu'il est incapable !...

CHRISTOPHE. Je suis complétement incapable...

LE LIEUTENANT. Mais comment se fait-il que cette bague se trouve en ta possession ?...

CHRISTOPHE. C'est bien simple, Monseigneur, je l'ai trouvée sur un pigeon à qui j'ai sauvé la vie...

LE LIEUTENANT. Ah ! (à part.) Au fait, il a l'air trop bête pour mentir...

CHRISTOPHE. Si Monseigneur veut bien le permettre, je lui rendrai cet anneau; car je ne voudrais pas garder ce qui ne m'appartient pas...

LE LIEUTENANT (prenant la bague). C'est bien ! (à Dumont). Qu'on le laisse libre !...

NINETTE. Oh ! merci, Monseigneur !...

CHRISTOPHE. Je joins mes remercîments à ceux de Ninette... Mais je prendrai la liberté de faire observer à Monseigneur que cela ne suffit pas...

LE LIEUTENANT. Comment, cela ne suffit pas ?...

CHRISTOPHE. Non, sans doute !... Quand on rend un objet perdu, il y a toujours une récompense honnête...

DUMONT. Eh bien ! il est sans gêne !...

LE LIEUTENANT. Et tu veux ?...

CHRISTOPHE. La récompense honnête... Oui, Monseigneur !...

LE LIEUTENANT. Et que demandes-tu pour cela ?...

CHRISTOPHE. La simple faveur de dire un mot à Monseigneur...

LE LIEUTENANT. Un mot ?...

CHRISTOPHE. Rien qu'un mot !...

LE LIEUTENANT. Comment ?...

DUMONT (bas au lieutenant). C'est l'original dont j'ai déjà parlé à Monseigneur !...

LE LIEUTENANT. Ah !... (à Christophe.) Eh bien ! je te l'accorde !... mais à une condition, c'est que, si tu en dis deux, je te fais jeter par la fenêtre. (Christophe fait signe qu'il accepte et tire un papier de sa poche.)

NINETTE (à part). Que va-t-il faire ?...

DUMONT (à part). Voilà qui devient curieux.

CHRISTOPHE (présentant son papier au lieutenant). Signez !... (Le lieutenant fait un geste d'étonnement, et Christophe indique qu'il n'a plus rien à dire.)

LE LIEUTENANT (à part). Le drôle a de la présence d'esprit! (Examinant le papier.) Une demande d'emploi dans les gabelles?... (Christophe fait signe que oui.)

NINETTE. Ah! Monseigneur, accordez, je vous en prie!... De cette place dépend notre mariage, et ma marraine vous en remerciera, j'en suis sûre!...

LE LIEUTENANT (signant). Allons! j'accorde!... Et c'est peut-être le dernier acte de mon pouvoir, car... (A Dumont.) On a rien retrouvé, n'est-ce pas?

DUMONT. Hélas! non, Monseigneur, toutes les recherches ont été inutiles!

CHRISTOPHE. Vous avez encore perdu quelque chose? Qu'est-ce que c'est?... Voyons! moi, qui ai la main heureuse, aujourd'hui.

LE LIEUTENANT. Oh! mon pauvre ami, cela ne te concerne pas... et ma destitution est certaine...

DUMONT. Et pour un carlin, encore!...

CHRISTOPHE. Un carlin?... un affreux chien jaune, avec une tape noire sur l'œil gauche...

DUMONT. C'est bien cela!...

LE LIEUTENANT. Comment sais-tu ?...

CHRISTOPHE. Comment je sais!... c'est que, tout à l'heure, en voulant faire un cadeau à Ninette, j'ai acheté votre carlin à une vieille femme, que j'ai rencontrée dans la rue...

NINETTE. Il se pourrait !...

CHRISTOPHE (qui a pris le panier porté par un valet). Tenez... le voilà!... la pièce est riche et rare !...

LE LIEUTENANT. Ah! mon brave ami, c'est ma place que tu me rens-là!

DUMONT. A quoi tient pourtant la fortune d'un grand seigneur!...

LE LIEUTENANT. Je ne sais comment reconnaître...

CHRISTOPHE. C'est pourtant bien facile !

LE LIEUTENANT. Comment ?

CHRISTOPHE. Sans donte!... Encore une récompense honnête!...

NINETTE. Ah! Christophe, y pensez-vous !...

LE LIEUTENANT. Tu y prends goût, à ce ce qu'il paraît.

CHRISTOPHE. Dame !...

NINETTE. Excusez-le, Monseigneur !...

LE LIEUTENANT. Je l'excuse... et cette récompense... honnête, je ne crois pouvoir mieux l'accorder qu'en dotant la bouquetière de mon hôtel.

NINETTE. Ah! Monseigneur, que je vous remercie !...

CHRISTOPHE. Et moi donc!... Aussi, Monseigneur, si jamais vous perdez quelque chose, adressez-vous à moi... Un mot!... rien qu'un mot! je ne vous dis que cela !

ENSEMBLE.

Air de Kriesel.

Quelle heureuse journée !
Comme un rêve enchanteur,
Pour nous la destinée
Ne promet que bonheur.

NINETTE (au public).

Air : Vaudeville de Mme Favart.

Quand, dans ces lieux, je me suis présentée,
Grâce à l'effet d'un talisman,
Je fus par tous bien reçue et fêtée ;
Mais je le sens, en ce moment,
C'est de vous seuls, c'est de votre indulgence
Que doit dépendre ici tout mon bonheur...
Car, je le sens, j'ai perdu ma puissance
Avec l'anneau de Monseigneur.

REPRISE DE L'ENSEMBLE.

FIN.

Paris — Impr. d'Émile Allard, rue d'Enghien, 14.

CATALOGUE DE L'ALBUM DRAMATIQUE.

Publié par MIFLIEZ, Libraire-Editeur, Passage Vendôme, 19.

MINUIT! OU UN ARRÊT DU DESTIN, vaudeville en uu acte... 30 c.
LE CHEMIN DES AMOUREUX, vaudeville en deux actes... 1
PAQUETTE ET GRIVET, vaud. en un acte. 1 fr.
UN MARI DANS L'EMBARRAS, vaudeville en un acte... 50 c.
LES VIOLETTES DE LUCETTE, vaudeville en deux actes... 40 c.
UNE ALLUMETTE ENTRE DEUX FEUX, vaudeville en un acte... 50 c.
LES HIRONDELLES, vaud. en un acte... 30 c.
UN VOISIN DE CAMPAGNE, vaudeville en deux actes... 40 c.
L'ARGENT PAR LES FENÉTRES, vaudeville en trois actes... 40 c.
LE PORTE-DRAPEAU D'AUSTERLITZ, drame en un acte... 30 c.
LE DROIT DE VISITE, vaud. en un acte... 30 c.
UN DOIGT DE VIN, vaud. en un acte... 30 c.
LES TIRAILLEURS FRANÇAIS, vaudeville en un acte... 30 c.
VIENS, GENTILLE DAME!... coméd.-vaud. en un acte... 30 c.
UNE NUIT SUR LA SCENE, compte mal rendu, en deux scènes... 20 c.
PENDANT L'ORAGE, d.-vaud. en un acte. 30 c.
SUR LA GOUTTIERE, com.-v. en un acte. 30 c.
APRES LA BATAILLE, drame-vaudeville un acte... 30 c.
LE RAPHAEL DE LA COURTILLE, tableau en un acte... 30 c.
MADAME FLAMBART, vaud. en un acte... 30 c.
CHÉRUBIN, comédie en cinq actes et six tableaux, avec prologue... 1 fr.
UN PAPA CHARMANT, com.-vaudeville en deux actes... 40 c.
LA PERLE DU RÉGIMENT, vaud. en 1 acte 30 c.
CHIEN ET CHAT, com.-vaud. en un acte. 30 c.
UN MARI TOMBÉ DES NUES, vaudeville en un acte... 30 c.
LES BALANÇOIRES DE L'ANNÉE, revue de 1852, en cinq actes dont deux entr'actes... 40 c.
UN BAL A ÉMOTIONS, vaud. en un acte. 50 c.
UN RELAIS DANS LA MANCHE, vaudeville en un acte... 30 c.
LE POTAGER DE COLIFICHET, vaudeville en un acte... 30 c
PETITE PROVENCE, vaud. en un acte. 30 c.
LE CARTON VIVANT, vaud. en deux actes. 40 c.
LES MÉMOIRES DE MA TANTE, com.-vaud. en un acte... 30 c.
LA FILLE DU HUSSARD, c.-vaud. 3 actes 30 c.
LES ORPHELINES DU FAUBOURG, vaud. en trois actes... 40 c.
UNE FEMME QUI S'ENNUIE, vaud. en 3 a. 40 c.

MARGUERITE et BOUTON D'OR, vaud, en un acte... 30 c.
LA VIEILLESSE D'UNE GRISETTE, v. 1 a. 30 c.
UN GENDRE EN MI-BÉMOL, v. en un acte. 30 c.
LA QUESTION D'OCCIDENT, à-propos, en un acte... 20 c.
LE PÊCHEUR BÉARNAIS, V. en un acte.. 30 c.
DEUX TUILES, vaud. en un acte... 30 c.
PENDU OU MARIÉ, vaud. en un octe... 30 c.
LE VIOLON du PÈRE DIMANCHE, pièce en trois actes, mêlée de couplets... 50 c.
A COUPS DE BATON, c. en 1 m. de Ch. 30 c.
LE FORGERON DE GREETNA GREEN, v. 2 a. 40 c.
LA MÈRE GIGOGNE, revue-v. en 2 a 3 tab. 2fr.
NOUS MARIONS PAPA, coméd-vaud. 1 act. 40 c.
LA FOIRE AUX PLAISIRS, revue de 1854, en 3 actes et 5 tableaux... 40 c.
LE BEL ANTINOUS, vaudeville en 1 acte. 30 c.
LE FESTIN DE BALTHASAR, pièce de carnaval, en 3 a. mêlée de couplets.. 40
Nous en ferons un Avocat, v. 1 acte. 30
LE JEU DU COEUR, vaudeville en 3 actes. 40
DEUX DROLES DE CORPS, vaudev. 1 acte... 30
LE VAMPIRE DE LA RUE CHARLOT, v. 1 a... 30
L'AMOUREUX D'EN FACE, vaudev. 1 acte... 30
CONGÉ AVANT MIDI, folie en un acte... 30
UN M. QUI VOIT TOUT EN JAUNE, c-v 3 a... 50
L'ENFANT DU PETIT MONDE, v. en 3 a... 50
Une Cotume russe, vaudev en un acte... 30
Les Domestiques de Paris, v. en 2 a... 40
Où sont les Pincettes, vaudev. 1 acte... 30
Dzing! Boum! Boum! rev., 3 a., 16 t... 50
LE MONDE, vaudeville en 2 actes... 40
LE SIRE DE FRANBOISY, vaudeville-légende.. 30
Aide-toi le Ciel t'aidera, vaudev. 1 acte.. 30
Un Suicide à l'Encre rouge, vaud. 1 acte. 30
Une Action d'Éclat, vaudeville 1 acte... 30
Histoire d'un Châle, vaudeville en 2 actes 40
L'Habit d'un grand Seigneur, v. 2 actes. 40
La vivandierre des Zouaves, en un acte... 20
Un Monsieur bien mis, vaud. en un acte. 30
S'aimer sans y Voir, Folie-vaud. 1 acte. 30
Le Voyage d'Anacharsis, vaud. 3 a. 5 tab. 50
Le Jardinier du Château, vaud. 1 acte... 30
Le Moulin du Diable pantomime 2 a. 20
Une Femme qui n'y est pas, vud. 1 a. 30
Chez Vous, chez Nous, chez Moi, v. 3 a. 40
Un Mariage à propos de bottes, v. en 1 a. 30
Lisette, vaudeville en un acte... 30
Manon de Nivelle, vaudeville en 3 actes. 40
Masque et Visage, v. en un acte... 30
Fais la Cour à ma Femme, com.-v. 1 acte. 30
Amour et Amour-Propre, vaud. 1 a... 39
MONSIEUR EST DE LA NOCE? Com.-V. 3 a... 50
UN GROOM DE LETTRES, c.-v. 1 a... 30
LA LORGNETTE, comédie-vaud. en 1 a... 30
L'ANNEAU MYSTÉRIEUX, c.-vaud. 4 act. e... 30

Imp. dEmile Allard, rue d'Enghien, 11.